BEI GRIN MACHT
WISSEN BEZAHLT

- Wir veröffentlichen Ihre Hausarbeit,
  Bachelor- und Masterarbeit

- Ihr eigenes eBook und Buch -
  weltweit in allen wichtigen Shops

- Verdienen Sie an jedem Verkauf

Jetzt bei www.GRIN.com hochladen
und kostenlos publizieren

Über das Cyborg-Theater. Von Hautkäfigen, kybernetischen Organismen und einer feministischen Utopie

Jemima Milano

Bibliografische Information der Deutschen Nationalbibliothek:

Die Deutsche Nationalbibliothek verzeichnet diese Publikation in der Deutschen Nationalbibliografie; detaillierte bibliografische Daten sind im Internet über http://dnb.d-nb.de abrufbar.

ISBN: 9783346342478
Dieses Buch ist auch als E-Book erhältlich.

HfS „Ernst Busch" Berlin Zeitgenössische
Puppenspielkunst Schriftliche Diplomarbeit
Sommersemester 2020

Über das Cyborgtheater

Von Hautkäfigen, kybernetischen Organismen und einer feministischen Utopie

Jemima Milano

Diplomstudiengang Zeitgenössische Puppenspielkunst
8. Fachsemester

01.09.2020

Inhalt

I. Einleitung

Cyborgs sind respektlos. Sie können sich nicht an den Kosmos erinnern [...] sind ihrer Herkunft gegenüber häufig nicht allzu loyal. Ihre Väter sind letzten Endes unwesentlich.[1]

Die Biologin und Philosophin Donna Haraway untersucht in ihrer feministischen Science Fiction-Utopie *A Cyborg Manifesto* (1985), erschienen in einem Magazin der radikal-linken Partei *Socialist Workers Party* in Großbritannien, wie Binäritäten zwischen Mensch und Technik, Mensch und Tier und letztendlich auch Mann und Frau aufgehoben werden können und wie die Auflösung dieser Grenzen neue, optimierte Daseins-Formen herausbringt.

Diese Diplomarbeit nimmt sich vor, diese Überlegungen auf das Theater der Dinge anzuwenden und sie für Theaterschaffende produktiv zu machen.

Wie können wir Dualismen überwinden und so neue Hybride entstehen lassen, die uns das Handwerk bieten, um Theater weitgreifender darstellen zu können? Und wer wäre dafür besser geeignet als Puppenspieler:innen, die von Natur aus ihre Körper mit Puppen, Objekten und Materialien erweitern und den physikalischen Gesetzen ihrer eigenen Körper trotzen, indem sie die Grenzen ihrer sie *umgebenden Hautsäcke* um leblose Objekte erweitern, die sie durch ihre Handgriffe und Stimmen beseelen?

Anlasspunkt dieser Diplomarbeit ist die intensive Auseinandersetzung mit Heinrich von Kleists Erzählung *Über das Marionettentheater* (1810), sowie die Lektüre von Texten Maurice Maeterlincks und Edward Gordon Craigs, die auf Kleists Erzählung aufbauen und diese in einen aktuelleren Kontext setzen. Die grundlegenden Thesen dieser theoretischen Texte sollen die Basis dieser Diplomarbeit bilden – dabei geht es darum, dass alles Menschliche von der Bühne verbannt gehöre, um Eleganz beziehungsweise die Kleist'sche *Anmuth* jederzeit und unabhängig von Zuschauer:innen erlangen zu können, das heißt, denselben Vorgang unendlich oft konstant wiederholen zu können. Es gilt zu untersuchen, wie die Bewegungsqualität der sich auf der Bühne befindenden Figuren optimiert werden kann – also um den Ausschluss menschlicher Fehler und Unzulänglichkeiten.

Müssen Menschen dafür gänzlich von der Bühne verbannt werden? Oder kann der Mensch sich selbst verbessern, seinen Körper mit technischen Hilfsmitteln erweitern, um so eine *neue Art Mensch* zu werden? Mit einfachen, uns bekannten Mitteln wie Brillen und Mikrofonen, steigert der Mensch bereits sein Seh- und Sprechvermögen und legt damit möglicherweise den Grundstein zur Verschmelzung von Mensch und Maschine. Sind wir unter diesen genannten Umständen nicht schon zu Cyborgs geworden, zu einer neuen, verbesserten Art Mensch? Und

---

[1] (Haraway, 1985)

3

wenn wir neben/hinter/vor der Bühne stehen oder sitzen und mit einer Fernbedienung einen Roboter auf der Bühne steuern, sind wir dann von der Bühne verschwunden? Die philosophisch-technischen Konzepte Transhumanismus und Posthumanismus sind für die hier erhobenen Untersuchungen relevant und werden im Folgenden im Detail erläutert. In diesem Zusammenhang wird in den ersten beiden Kapiteln dieser Diplomarbeit auf das Phänomen Cyborg und das Zusammenspiel mit Prothesen eingegangen.

Darauf folgt ein Einblick in die dahinterstehenden Technologien. Das letzte Kapitel widmet sich der Textanalyse von Donna Haraways *A Cyborg Manifesto*.

II.   Hätten Cyborgs Väter, hießen sie Manfred und Nathan

Haraway reagierte mit ihrem feministischen Essay über Cyborgs auf eine Vorlage aus dem industriellen Komplex der USA (s. Abb. 1). Um nachvollziehen zu können, was Donna Haraway 1985 über Cyborgs wusste, muss also ein weiter Zeitsprung unternommen werden. Bevor sich die zweite Hälfte dieser Arbeit mit dem *Cyborg Manifesto* befasst, müssen vorerst die technischen Aspekte rund um Cyborgs herausgearbeitet werden:

> Der Begriff Cyborg, eine Mischung aus cybernetics und organism, wird als Hybrid dem Bezeichneten durchaus gerecht. Diese Wortschöpfung wurde von Manfred Clynes und Nathan Kline 1960 geprägt, im Zusammenhang von Fragestellungen, die um die Anpassungsprobleme des Menschen an ein Leben im Weltall kreisten.[2]

Als 1960 der Psychologe Nathan S. Kline und sein Kollege Manfred E. Clynes den Aufsatz *Cyborgs and Space* im *Journal Astronautics* veröffentlichten, definierten sie den Begriff zum ersten Mal und schlugen vor, den menschlichen Körper mit spezifischen Implantaten für das Leben im Weltraum tauglich zu machen. Diese neuen, optimierten Astronauten sollten selbstregulierende Mensch-Maschine-Systeme werden, kybernetische Organismen, die zu höheren Leistungen fähig sind.

Als Beispiel für einen der ersten echten Cyborgs zogen Clynes und Kline eine Versuchsratte heran, der mit einer osmotischen Pumpe Medikamente verabreicht werden konnten. Sie stellten sich vor, dass auch Menschen über Implantate mit der richtigen leistungssteigernden Substanz zum richtigen Zeitpunkt versehen werden sollten.

---

[2] (Voigt, 2001)

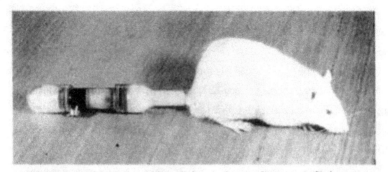

CYBORG PUMP, which would feed chemicals at a slow, controlled rate into cyborg blood streams, is now being used in cancer work to give drugs to mice. It is driven by osmosis; the diffusion of liquids through a membrane.

Abbildung 1: Osmotische Pumpe

(Magazine A. D., 1963)

Im selben Jahr druckte das *Life Magazine* eine Abbildung (siehe Abb.2) zweier Cyborgs mit dazugehöriger Detailbeschreibung, die zum Zwecke dieser Diplomarbeit frei übersetzt wurde:

Vorne am Gürtel des Cyborgs befinden sich Röhrchen, die Chemikalien ins Blut pumpen und so (von links nach rechts) Blutdruck, Puls, Energiehaushalt, innere Ruhe, Blutzucker, Körpertemperatur und Strahlungstoleranz kontrollieren sollen. Die Pumpen an den Röhrchen reagieren auf Sensoren, wie auf das Strahlungsmessgerät in seinem linken Oberschenkel oder das Blutzuckermessgerät in seinem rechten Oberschenkel. Das Herz pumpt Blut in den implantierten Konverter, der Sauerstoff und Kohlenstoff aus Kohlenstoffdioxid produziert und den Platz der Lunge eingenommen hat. Auf dem Rücken des anderen Cyborgs sind die Ernährungsversorgung (oben), die Hauptbrennstoffzelle, der Nahrungsprozessor, sowie der Abfallkanister zu sehen.[3]

---

[3] (Magazine T. , 1960)

Abbildung 2: Cyborg Times Magazine
(Freeman, MAN REMADE TO LIVE IN SPACE, 1960)

Unter Berücksichtigung dieser Beschreibung wird unmissverständlich klar: Kline und Clynes wollen nichts dem Zufall überlassen und menschliche Körpervorgänge regulieren. Inspiriert von der ersten Raumfahrt in der Menschheitsgeschichte, präsentieren Kline und Clynes 1963 bei der jährlich stattfindenden Astronauten-Konferenz (USA) ihr Cyborg-Konzept. Das Duo erregte Aufsehen und löste Begeisterung aus, nicht zuletzt, weil die Kooperation zwischen dem US-amerikanischen renommierten Doktor der Psychologie und Neurologie Dr. Nathan Kline und dem österreichischen Physiker und Computer-Ingenieur Manfred Clynes eine eher ungewöhnliche interdisziplinäre Zusammenarbeit zweier Felder darstellt, die es bis dahin nicht gegeben hat. Zusammen forschten sie am *New York's Rockland State Hospital* zu *body cybernetics*, sprich der Wechselbeziehung zwischen Überprüfung und Ausgleich der Körperfunktionen und -bedürfnisse.

Die verfolgte Zielsetzung der zwei Forscher lag in der Optimierung des Menschen. Ähnlich wie Puppenspieler:innen ihre Körper im Theater der Dinge um Puppen und Objekte erweitern, wollten auch sie die Grenzen des menschlichen Individuums überwinden – und zwar nicht mit Puppen oder Figuren, sondern durch technische Maßnahmen.

In einem Interview, das Mike Rugnetta[4] mit Rose Eveleth[5] 2016 geführt hat[6], fasst letztere Klines und Clynes Motivation zur Cyborg-Forschung mit folgendem Satz zusammen:

> They both wanted to know how we can take that meat cage that we're in and make sure that it is safe and able to function in space? […] Being a cyborg means the machine is in you, you're a self-regulating machine and that is helping you adapt to new environments.

Die Analogie zwischen Eveleths Ausdruck des *meat cage* und meinem in der Einleitung dieser Arbeit verwendeten Begriff des *Hautsacks*[7] ist an dieser Stelle hervorzuheben. Beide Begriffe beschreiben uns als eingeschränkte Darstellende im Theater der Dinge. Diese Einschränkungen gilt es zu überwinden. Wer hätte gedacht, dass Puppenspieler:innen und Astronaut:innen so viel gemeinsam haben?

Für Kline standen umgebaute und erweiterte Körper vor allem im Dienste des medizinischen Fortschritts. Der Herzschrittmacher ist das prägnanteste Beispiel für den Fall, dass *„die Maschine in [einem] drin ist, [man] selbst […] eine selbstregulierende Maschine [ist] und das [dabei hilft, sich] neuen Lebensbedingungen anzupassen"*[8]. Ein weiteres Beispiel für eine

---

[4] Mike Rugnetta ist der Gründer des *PBS Idea Channel* auf der Online-Plattform YouTube
[5] Rose Eveleth gilt in den USA als Cyborg-Spezialistin, sie ist eine amerikanische Podcast-Moderatorin, Produzentin, Designerin und Animatorin.
[6] https://www.youtube.com/watch?v=Xs4d6AilVPQ zuletzt am 11.08.2020 um 14:02Uhr zugegriffen
[7] Diesen Ausdruck des uns einengenden und beschränkenden Hautsacks habe ich zum ersten Mal im ersten Semester während des Dramaturgie-Unterrichts an unserer Hochschule gehört, als Jörg Lehmann Markus Joss zitierte.
[8] https://www.youtube.com/watch?v=Xs4d6AilVPQ zuletzt am 11.08.2020 um 14:02Uhr zugegriffen

Körpererweiterung im medizinischen Sinne ist die Verhütungsspirale, die, nachdem sie in die Gebärmutter eingesetzt wurde, immer wieder kleine Mengen eines Gestagenhormons abgibt. Der Herzschrittmacher ist eine lebensrettende Maßnahme für die es bis heute keine Alternative gibt. Die Verhütungsspirale ist zwar ebenfalls eine Maßnahme medizinischer Natur, ist jedoch nur eine von vielen Möglichkeiten, um an das gewünschte Resultat, in diesem Falle die Verhütung von Schwangerschaften, zu kommen. Der Einsatz einer Verhütungsspirale ist Eingriff zur Steigerung der Lebensqualität. Für beide Kategorien finden sich heute in der modernen Medizin endlose Beispiele und wer mit dem Puppenspiel vertraut ist, wird sicherlich zu allererst an eins denken: Prothesen. Der Werkstattleiter und Dozent für Werkstattlehre, Ingo Mewes, stellt fest, dass die Verbindung zwischen menschlichen Körpern und technischen Erweiterungen, wie es bei Prothesen, insbesondere bei bionischen Prothesen[9], der Fall ist, vergleichbar ist mit der Verbindung, die Puppenspieler:innen mit ihren Händen und Puppen eingehen.

III. Prothetik, Ethik und Arbeitsethik
III.I. Skelette

Prothesen können grob in zwei Kategorien unterteilt werden: Es gibt einerseits passive Prothesen, wie das Glasauge. Obgleich als körperliches Hilfsmittel klassifiziert, dient es ausschließlich zur Wiederherstellung der Gesichtsästhetik.[10] Andererseits gibt es Prothesen, die mobil sind und damit zur Mobilität beitragen sollen. Hier soll das zu ersetzende Körperteil in seiner Funktion so präzise wie möglich nachgeahmt werden. Zu diesem Zweck gibt es heute zahlreiche Unternehmen, die genau die zwei Bereiche vereinen, zu denen auch Kline und Clynes forschten: Neurologie trifft auf technische Informatik. Auf der Homepage des Instituts für Mikrosystemtechnik der Albert-Ludwigs-Universität Freiburg heißt es dazu:

---

[9] Der Begriff Bionik fasst jegliches Übertragen von Naturphänomenen auf menschgemachte Technik zusammen. Bereits Anfang des 16. Jahrhunderts hatte Leonardo da Vinci Vogelstudien begonnen, von denen er sich versprach, funktionstüchtige Segelfluggeräte entwerfen und bauen zu können. Schwimmflossen sind wiederum von Schwimmhäuten bei Fröschen und Vögeln abgeguckt, Spritzen sind dem Prinzip von Bienenstacheln nachempfunden etc. Der Bionik liegt die Annahme zugrunde, dass die belebte Natur durch evolutionäre Prozesse optimierte Strukturen und Prozesse entwickelt, von denen der Mensch lernen kann. (Mutschler, 2002)
[10] (Augustin, 2007)

Die Neuroprothetik hat sich zum Ziel gesetzt, mit Klinesten technischen Systemen ausgefallene Funktionen im menschlichen Nervensystem (teilweise) zu ersetzen. (…) Für einige Erkrankungen bestehen in der neurologischen Rehabilitation Möglichkeiten, ausgefallene Körperfunktionen in bescheidenem Maße durch technische Prothesen und Implantate wiederherzustellen. Aufgrund der Fortschritte in den Bereichen der Mikrosystemtechnik, der Mikroelektronik und den Materialwissenschaften war es in den letzten zwei Jahrzehnten möglich, einige dieser sogenannten Neuroprothesen in die klinische Praxis zu überführen. Durch Elektrostimulation der Nerven wird ertaubten Patienten über Cochlea-Implantate[11] ein Hörgefühl zurückgegeben, Querschnittgelähmte können über Elektrostimulation ihre Harnblase entleeren und einfache Greiffunktionen ausführen und Tiefenhirnstimulation hilft Patienten mit Morbus Parkinson. Schnittstellen zwischen Gehirn und Computer, sogenannte „Brain-Computer-Interfaces" (BCI) helfen Patienten, die sich nicht mehr bewegen können (Locked-in Syndrom), über diese Schnittstelle mit Hilfe eines Computers mit ihrer Umwelt zu kommunizieren.[12]

Diese Arten von Prothesen sind noch lange nicht so weit, dass sie fehlende Gliedmaßen in voller Qualität ersetzen können, doch sie ermöglichen ihren Nutzer:innen eine höhere Qualität im Alltag und Beruf. Im Laufe meiner Recherchearbeit konnte ich nur einen Puppenspieler ausfindig machen, der aufgrund eines von Geburt an fehlenden Beines eine Beinprothese trägt. Seine Prothese nutze er aber nur privat zur Fortbewegung, da seine *Einbeinigkeit* auf der Bühne nur von Vorteil für ihn sei: zum einen sei es ein Alleinstellungsmerkmal und zum anderen sei er dadurch anatomisch zu Bewegungen in der Lage, „von denen Menschen mit zwei Beinen nur träumen könnten". Im ersten Moment mag diese Aussage verwunderlich erscheinen. Wenn ich mir an dieser Stelle eine persönliche Stellungnahme erlauben darf, dann die folgende: es ist mir peinlich, bis zu diesem Moment davon ausgegangen zu sein, dass alles, was von der Norm abweicht, einer Korrektur bedarf, weil es anders als das ist, was ich kenne. Doch genau wie Kline und Clynes bei der Entwickelung des Cyborg-Konzepts keine Korrektur, sondern eine Erweiterung des Menschen im Sinn hatten, gibt es auch in der Welt der Prothetik einen Zweig, der sich ebenfalls an nicht-beeinträchtigte Menschen richtet: die sogenannten Exoskelette. Anfänglich als Gehhilfe für querschnittsgelähmte Menschen gedacht, haben sich Exoskelette längst in der Industrie als Hilfsmittel für verschiedenste Arbeiten etabliert, da sie vor allem dabei helfen können, Last abzunehmen. Ähnlich wie bei der Bionik, die sich von der Natur inspirieren lässt, orientieren sich diese künstlichen Außenskelette an eine der drei grundlegenden Bildungsweisen von Skeletten im Tierreich (Endoskelett, Exoskelett, Hydroskelett). Während wir Menschen, wie auch alle anderen

---

[11] Ein Cochlea-Implantat ist ein Hörsystem für Menschen mit starker bis hochgradiger Hörminderung. Es wandelt Schall in elektrische Signale um und leitet diese direkt an den Hörnerv weiter. Die geschädigten Bereiche im Ohr können also damit einfach umgangen werden. - https://www.oticonmedical.com/de/cochlear-implants/new-to-cochlear-implants/what-is-a-cochlear-implant zuletzt aufgerufen am 10.08.2020 um 20:31Uhr
[12] https://www.imtek.de/professuren/bmt/forschung/neuroprothetik letzter Zugriff: 10.08.20220 um 20:10Uhr

Wirbeltiere über ein Endoskelett, ein Innenskelett verfügen, das aus Hartteilen und Knorpeln besteht, weisen zum Beispiel Insekten oder auch Krebstiere von Natur aus ein Exoskelett auf. Am Beispiel der Ameise wird deutlich, woher die Idee stammt, sich diese äußere Stützstruktur anzueignen und somit den menschlichen Körper belastbarer zu machen. So kann eine Weberameise mehr als das 100-fache ihres eigenen Körpergewichts tragen.[13]

Abbildung 3: Weberameise

(*Haftung und Fortbewegung: Kontrollmechanismen von Adhäsionskräften bei Ameisen,* Dissertation zur Erlangung des naturwissenschaftlichen Doktorgrades der Bayerischen Julius-Maximilian-Universität Würzburg von Thomas Endlein, Würzburg 2007, S.21)

Diese Abbildung wurde aus urheberrechtlichen Gründen von der Redaktion entfernt.

Abbildung 4: Puppenspieler mit Exoskelett

(*https://medizin-und-technik.industrie.de/exoskelette/puppenspieler-mit-exoskelett-hinter-den-kulissen/* aufgerufen am 20.08.2020 um 19:20Uhr)

Die *Otto Bock HealthCare GmbH* wurde 1919 als Orthopädische Industrie GmbH in Berlin gegründet, um die vielen Kriegsversehrten des Ersten Weltkriegs mit Prothesen und orthopädischen Produkten zu versorgen.[14] 99 Jahre später investiert das Unternehmen sein

---

[13] (Endlein, Haftung und Fortbewegung: Kontrollmechanismen von Adhäsionskräften bei Ameisen, 2007)
[14] https://web.archive.org/web/20090124120744/http://90jahre.ottobock.de/ letzter Zugriff 21.08.2020 um 12:13Uhr

biomechanisches und orthopädisches Know-How in eine Kollaboration mit Volkswagen und kreiert so ein ergonomisches Hilfsmittel, das Überkopf-Arbeiten deutlich erleichtern soll.[15] Es dauert nicht lange, da wird die erste Puppenspielerin auf dieses Hilfsmittel aufmerksam. Auf der Homepage des Unternehmens ist zu lesen:

> Seit dem 31. Dezember 2019 arbeiten Puppenspieler der Augsburger Puppenkiste mit einem außergewöhnlichen Hilfsmittel: In der Kabarettvorstellung, die bis Ende Juni 2020 im Programm ist, nutzen die Puppenspieler erstmals das Exoskelett Paexo Shoulder von Ottobock. „Das minutenlange Halten und Bewegen der Handpuppen über Kopfhöhe ist sehr anstrengend", sagt Klaus Marschall, Inhaber der Augsburger Puppenkiste (...). „Das Exoskelett hilft dem Puppenspieler in dieser Situation enorm. Es entlastet seine Schultern und Oberarme, so dass er sich besser auf das Spielen konzentrieren kann und nach der Vorstellung weniger angestrengt ist." Der Puppenspieler trägt das Paexo Shoulder ähnlich wie einen Rucksack eng am Körper. Das Gewicht der erhobenen Arme wird über Armschalen mithilfe einer mechanischen Seilzugtechnik auf die Hüfte abgeleitet. Das schont die Muskeln und Gelenke im Schulterbereich spürbar und die Handpuppen lassen sich über Kopf deutlich komfortabler bewegen. „Wir haben das Exoskelett über mehrere Monate und in unterschiedlichen Situationen getestet. Beim Spielen der Handpuppen ist es eine große Hilfe, und auch beim Marionettentheater werden wir es in Zukunft situationsbedingt einsetzen – immer wenn die Marionette auf einer erhöhten Requisite gespielt wird und der Puppenspieler sich besonders strecken muss", so Klaus Marschall. (...). „Unsere 18 Puppenspielerinnen und Puppenspieler sind extremen körperlichen Belastungen ausgesetzt. Wir hatten schon öfter Ausfälle aufgrund von Rückenbeschwerden, sodass wir uns präventiv engagieren.(...)"
> Für die Puppenspieler besonders wichtig ist, dass sich das Exoskelett an den natürlichen Bewegungen des Menschen orientiert. Sie können sich damit uneingeschränkt hinter der Bühne bewegen, sich bücken, gehen, sitzen und auch Gegenstände aufheben.[16]

Erfahrene Puppenspieler:innen wissen, dass das hohe Spielen einer Marionette mit höchsten Anstrengungen oder gar Schmerzen verbunden ist, da die Arme über einen längeren Zeitraum über Kopf gehalten werden müssen. Dadurch das Spiel einer Puppe über Kopf nicht über einen längeren Zeitraum zumutbar. Auch Handpuppenstücke, bei denen die Spieler:innen klassisch hinter der Spielleiste stehen, bergen körperliche Herausforderungen und gehen zwingend mit einem hohen körperlichen Verschleiß einher. Was spricht denn dann dagegen, sich solcher Hilfsmittel zu bedienen, um den Arbeitsalltag erträglicher zu gestalten und die eigenen Leistungen zu steigern? Um die Puppen länger, höher und besser halten zu können? Längere Probezeiten, weniger Pausen steigern die Effizienz und bringen damit Gewinn. Erhält unternehmerisches Denken damit Einzug in die kreative Theaterwelt? An diesem Punkt sind arbeitsethische Bedenken nicht von der Hand zu weisen. Und genau hier liegt die Gefahr, dass der Mensch oder in diesem Falle der:die Puppenspieler:in immer höhere Leistungen erbringen muss – Fehler und Unzulänglichkeiten werden tabuisiert. Die Rechnung ist einfach: Je mehr Technik wir einsetzen, desto mehr können wir. Je mehr wir können, desto mehr wird von uns

---

[15] https://www.volkswagen-newsroom.com/de/pressemitteilungen/produktion-der-zukunft-exoskelette-unterstuetzen-mitarbeiter-am-standort-bratislava-3836 letzter Zugriff 21.08.2020 um 14:08Uhr
[16] https://www.ottobock.com/de/newsroom/news/exoskelett-entlastet-puppenspieler.html letzter Zugriff 21.08.2020 um 14:18Uhr

erwartet. Auf die Technik zu verzichten ist dann irgendwann nicht mehr möglich, denn unsere Gesellschaft bewertet den Menschen nach Zahlen und Zielgrößen. Die Formel lautet folglich: je mehr, desto besser. Da verwundert es nicht, dass dieses Exoskelett, dieses technische Hilfsmittel, aus einer wirtschaftlichen Kooperation mit *Volkswagen* entstanden ist. Je mehr ein Unternehmen produziert, desto größer ist der Gewinn. Und in diesem System ist der Mensch die Schwachstelle. Maschinen hingegen sind schneller, sie werden nie müde, arbeiten immer präziser. Maschinen wehren sich auch nicht, wenn sie ausgetauscht werden. In der Fabrik gelten Maschinen oft als die besseren Menschen. Da liegt es nah, den Menschen selbst durch Technik zu verbessern – oder ihn komplett zu ersetzen.

Zugegeben, davon sind wir im Theater sehr weit entfernt, Puppenspieler:innen werden sicher nicht in nächster Zukunft von Maschinen ersetzt werden. Der reflektiert-bewusste Einsatz von Technik wird jedoch in Zukunft entscheidend sein. Technik kann entweder dabei helfen den menschlichen Körper gesund zu halten und einem übermäßigen Verschleiß vorzubeugen oder der übermäßige Einsatz von Technik kann als Doping missbraucht werden, um mehr Leistung in kürzerer Zeit abliefern zu können. Dabei entsteht die Gefahr einem (Selbst-)Optimierungswahn zum Opfer zu fallen, der in erster Linie dazu dient, Theater weiter zu kapitalisieren.

Der Begriff *Cyborgs* löst an Assoziationen Bilder von Hybriden, Mischwesen aus Mensch und Maschine aus, von futuristischen, geschlechtsneutralen Wesen, die mit Röntgenblick und pneumatischen Mechanismen ausgestattet sind, die sie vielleicht sogar schweben lassen können. Stattdessen führen die Recherchen zu Cyborgs zu einer veralteten Internetseite, dessen Inhaber mittleren Alters ein Traditionstheater in Bayern führt und aufgrund von Altersbeschwerden die Arbeit für sich und sein Ensemble ergonomischer gestalten möchte. Dieser Umstand zeigt, wie unvermeidbar Cyborgs für das Theater der Dinge geworden sind.

Es mag sein, dass Kline und Clynes anfänglich an die Raumschifffahrt dachten, als sie vor rund sechzig Jahren mit ihren Forschungen zu kybernetischen Organismen anfingen. Doch so wie der Neurologe Nathan Kline auch am medizinischen Fortschritt interessiert war, äußerte sich der Physiker Manfred Clynes 1963 in einem im *Tribune Magazine* erschienenen Interview, der im Übrigen als versierter Pianist mit ausgesprochen hohem Interesse an Theater und Ballett galt: *„Imagine what leaps a ballet dancer could take on the moon"*[17]

---

[17] *(Magazine A. D., 1963)*

12

III.II.   Cyborgs als Chance in der Postdramatik

57 Jahre, sechs Mondlandungen und unzählige Fahrten ins Weltall später hat die Menschheit noch kein Theaterstück und kein Ballett auf dem Mond oder im Weltraum aufgeführt. Dafür hat aber immer mehr Technik Einzug in das Gesundheitswesen, in unseren Alltag und letztendlich auch ins Theater gehalten. Digitale Medien sind aus dem Curriculum des Studiums der Zeitgenössischen Puppenspielkunst an der Hochschule für Schauspiel nicht wegzudenken. Durch *augmented reality*[18] werden neue Theaterformen geschaffen, auf die Zuschauer:innen mithilfe von technischen Hilfsmitteln wie Smartphones oder Augmented-Reality-Brillen jederzeit und überall Zugriff haben.

Die Epoche der Postdramatik, die die letzten vier Jahrzehnte umfasst, hat es nicht vollbracht, dass wir Räume bespielen können, in denen die Schwerkraft ausgeschaltet ist und Marionetten kopfüber gespielt werden könnten. Dafür zeichnet sich die Postdramatik vielmehr durch die Emanzipation vom traditionellen Sprechtheater aus, durch die Ansiedlung im performancenahen Bereich, sowie durch den Einsatz technischer Medien auf der Bühne.

Doch das technische Werkzeug steht auch in einer Wechselbeziehung mit uns: es verändert unser Verständnis davon, wer wir und wie wir als Menschen sind. Im Zuge der Industrialisierung stellt sich die Frage, wo die Maschine aufhört und wo der Mensch beginnt. Wenn der:die Spieler:in anfängt, vom Wesen her natürliche, organische Prozesse auf eine bestimmte Zeittaktung abzustimmen, damit also anfängt, sich selbst als eine Art Werkzeug zu verstehen, lässt sich das mit dem Begriff *Taylorismus* fassen: „Der Mensch wird lediglich als Produktionsfaktor gesehen, den es optimal zu nutzen gilt."[19] Ziel des Taylorismus ist also die Steigerung der Produktivität menschlicher Arbeit, „zu deren Bewältigung keine oder nur geringe Denkvorgänge zu leisten und die aufgrund des geringen Umfangs bzw. Arbeitsinhalts schnell und repetitiv zu wiederholen sind."[20] Dieses Ziel soll also durch die Einteilung der Arbeit in Kleinsteinheiten erlangt werden, durch Zeit- und Bewegungsstudien.

Der Mensch steht am Anfang einer neuen postindustriellen Revolution und versteht sich als ein verbesserungsfähiges Werkzeug, ein Konzept, das dem Posthumanismus zuzuordnen ist.

---

[18] Unter *augmented reality, erweiterter Realität* versteht man die durch Technik (etwa durch Computer) hervorgerufene Erweiterung der Realitätswahrnehmung. So sehen die Anwendenden die reale Welt und bekommen zusätzliche Informationen eingeblendet.
[19] Ebd.
[20] https://wirtschaftslexikon.gabler.de/definition/taylorismus-48480 letzter Aufruf: 25.08.2020 um 16:25h

Dabei sollen organische Gegebenheiten erweitert werden (*enhancement*), bis der Mensch zum posthumanen Wesen wird.

III.III. Die Marionette als Überwinderin menschlicher Schauspieler:innen

Verwandt mit dem Posthumanismus ist der Transhumanismus. Während es beim Posthumanismus also um eine neue Form des Menschseins geht, beschäftigt sich der Transhumanismus mit der Verschmelzung des Menschen mit Technologie. Diese Ideen sind nicht neu. So fasst schon Heinrich von Kleist in seiner 1810 erschienenen Erzählung *Über das Marionettentheater* am Schluss zusammen:

> So findet sich auch, wenn die Erkenntnis gleichsam durch ein Unendliches gegangen ist, die Grazie wieder ein; so, dass sie, zu gleicher Zeit, in demjenigen menschlichen Körperbau am Reinsten erscheint, der entweder gar keins, oder ein unendliches Bewusstsein hat, das heißt in dem Gliedermann, oder in dem Gott. [21]

Achtzig Jahre später wird Theater im Zuge der europaweiten *Retheatralisierung* als eigenständige Kunstform anerkannt. Vorreiter dieses Prozesses war der belgische Dramatiker Maurice Maeterlinck. Der Abstraktionsprozess, der dieser modernen Theaterform zugrunde lag, holte das Marionettentheater wieder weiter in den Vordergrund. Maeterlinck setzte dafür in seinen Dramen, neue, die Aistehsis[22] steuernde, Verfahren ein: auf der Bühne geht es um die Abstraktion von Ort und Zeit, für die Schauspieler:innen geht es hierbei um Reduktion der Sprache bis hin zum Schweigen. Dabei ging es dem belgischen Dramatiker um die Aufwertung des semiotischen Körpers, was im Gegenzug eine Aufwertung szenisch-visueller Mittel bedeutete. Er geht soweit, ein „Androidentheater" zu fordern, aus dem alles Menschliche verbannt und durch ein anthropomorphes Simulakrum[23] ersetzt gehöre. Was spricht dafür, dass der Mensch auf der Bühne durch Marionetten ersetzt werden soll?

Zum einen gibt es die Marionetten bereits als konkreten Puppen im Marionettentheater, einer Theaterform, die bis in die Antike der europäischen Volkstradition verankert ist. Auf die Marionette zurückzugreifen ist also auch deshalb attraktiv, weil sie ein rein semiotischer Körper ist. Sie ist derart artifiziell, dass sie den eminent wirkungsästhetischen Effekt hat, die mit-schaffende Imagination der Zuschauenden herauszufordern.

---

[21] http://kleist.org/phocadownload/ueber_das_marionettentheater.pdf S.8, letzter Aufruf:25.08.2020 um 19:02h
[22] Griechisch für *Sinneswahrnehmung*
[23] Ein Simularkrum ist ein reelles oder auch imaginiertes Ding

Zum anderen ist die Marionette aus diesen Gründen als ästhetisches Modell überaus präsent im Depersonalisierungsprozess des Mediums *Schauspieler:in*.

Letztlich ist anzuführen, dass die Marionette auch innerhalb des anthropologischen Diskurses als Metapher fungiert. Am Faden geführt, steht sie als Metapher für Determinismen menschlicher Existenz.

In seinem Essay *The actor and the Über-Marionette* (1908) nimmt Edward Gordon Craig Bezug auf Kleists *Über das Marionettentheater* und setzt damit den stärksten Impuls für die Bewegung der Retheatralisierung. Craigs Konzept der *Über-Marionette* überwindet die volkstraditionelle Marionette.

Die Marionette stamme nämlich von göttergleichen Statuen in ägyptischen Tempeln ab[24], sei also ursprünglich ein gegenüber dem Menschen übergroßes Symbol seiner metaphysischen Substanz gewesen. Dies sei nun in der *Über-Marionette* zu reanimieren. So verabschiedet Craig die konkrete kleine Marionette der Volkstradition und fusioniert in seiner *Über-Marionette* die Funktion der Marionette als ästhetisches Modell und als anthropologische Metapher. So fantastisch und revolutionär Craigs Konzepte zur *Über-Marionette* auch klingen mögen, so haben sie doch einen unübersehbaren Haken: Sie bleiben theoretisch. Zwei Jahre vor der Publikation seines Aufsatzes soll er die *Über-Marionette* auf der *3. Deutschen Kunstgewerbeausstellung* vorstellen – an dieser Aufgabe wird Edward Gordon Craig scheitern: Craigs Essay ist also entstanden, ohne eine konkrete Vorstellung zur Realisierung davon zu haben, wie diese Über-Marionette aussehen soll. In seinem Nachlass finden sich in seinen sogenannten *Über-Marions*: 1905 entstandene Notizbücher mit seinen Gedanken und Skizzen zu seiner *Über-Marionette*. Diese Entwürfe ließen nicht nur eine anthropomorphe Grundlage klar erkennen, sondern erwecken auch klar den Anschein eines Schauspielers mit antiker Maske erwecken, zu sehen auf Abbildung Nummer 5:

---

[24] Von der Marionette europäischer Tradition weiß man heute, das sie – so wie Craig vermutete – zurück geht auf einen ägyptischen Kult seit dem 19. Jh. vor Christus, nämlich heilige Statuen während der jährlichen kultischen Feste zu animieren (Paul Merker, 1977). Das Wort « Marionette » ist ein Diminutiv von « Maria » – abgeleitet von dem kirchlichen Brauch, bei Prozessionen zu Ehren Marias Marienstatuen zu tragen ((Larousse, 1975; Marionette, 1975); und Artikel « Marionnette » in : *Encyclopædia universalis*, S. 573-574). Craig war sich dem wohl bewusst, wie die Bezeichnung « Über-Marions » in seinen Notizheften von 1905-1906 zeigt, die dem Essay über die « Über-Marionette » vorangingen.

Abbildung 5: Über-Marionette

(*https://alicerabourdin.wordpress.com/2016/04/24/craig-et-la-marionnette-comme-modele-scenique/* letzter Zugriff: 25.08.2020 um 23:55Uhr)

Rechte: Bibliothèque Nationale de France, Site Richelieu, Département Arts du spectacle, Coll. Craig: E.G.C. MS.A. 23/1-2)

IV.   ... und dann kam Bauhaus

Auch für den 1888 geborenen Bauhaus-Meister Oskar Schlemmer scheint Kleists Erzählung *Über das Marionettentheater* eine entscheidende Inspirationsquelle für sein *Triadisches Ballett* gewesen zu sein. 1926 beschreibt Schlemmer auf seinen Erfahrungen mit dem Triadischen Ballett basierend die Bewegungsmöglichkeiten der Kostümfiguren wie folgt:

> Sollen nun die Tänzer nicht vollends Marionetten sein, an Drähten gezogen oder besser, von einem vollendeten mechanischen Präzisionswerk aus selbsttätig bewegt werden, fast ohne menschliches Dazutun, es sei denn am unsichtbaren Schaltbrett? Ja! – es ist nur eine Frage von Zeit und Geld, das Experiment in dieser Weise zu vervollständigen. Der Effekt, den es machen wird, steht bei Heinrich v. Kleist in ›Über das Marionettentheater‹ geschrieben![25]

Zwei Jahre zuvor inszenierte Kurt Schmidt am Bauhaus-Theater das Puppenspiel *Mann am Schaltbrett*. Zu sehen ist unter anderem eine Puppe, deren linker Unterschenkel so aussieht, als hätte sie ein Piratenholzbein. Eine weitere Puppe hat eine aus Metall gefertigte Handprothese. Ein weiteres Beispiel ist das Stück *Die*

Abbildung 6: Der kleine Buckelige

(https://commons.wikimedia.org/w/index.php?curid=84790480 letzter Zugriff: 02.08.2020 um 13:13 Uhr)

Urheber: von Raphael Köhler und Christian Fuchs angefertigt - Eigentum des Bauhaus.Weimar.Moderne Die Kunstfreunde e. V. und der KlassikStiftung Weimar, CC BY-SA 4.0

---

[25] https://www.link-niedersachsen.de/blog/blog_kultur/marionetten_roboter letzter Zugriff 01.08.2020 um 19:13 Uhr

Abenteuer des kleinen Buckeligen, ein Marionettenstück dessen namensgebende Hauptfigur Unterarme hat, die eher in Keulen als in Händen münden: Es ist anzunehmen, dass diese Optik an das damals alltägliche Bild des *Ohnhänders*[26] zurückzuführen ist. Quellen, die dies allerdings verifizieren, existieren nicht.

Es gibt noch mehr Stücke, die damals im Bauhaus aufgeführt wurden und Prothesen zeigen, ob an Menschen oder an Puppen. Diese „neue" Optik gehörte sicherlich auch zu der neuen Ordnung, die das Bauhaus herstellte. Doch fällt es eben auch mit einer Zeit zusammen, in der viele Kriegsversehrte aus dem 1. Weltkrieg tatsächlich solche Prothesen trugen.

Wenn wir wieder den Blick zurück zu Schlemmer wenden, fällt auf, dass sein *Triadisches Ballett* viele Jahre gebraucht hat, bis es aufgeführt werden konnte.

Als ich im August 2020 an einer Führung durch die Gartenstadt Hellerau teilgenommen habe, konnte ich in Erfahrung bringen, dass die zwei Tänzer:innen aus dem *Triadischen Ballett,* Elsa Hötzel und Albert Burger, 1912 eine mehrmonatige Fortbildung in der „Rhytmischen Bildungsanstalt" Hellerau, Dresden unter Émile Jacques-Dalcroze absolvierten. Daraufhin begann auf Antrieb Burgers hin die Zusammenarbeit mit dem Maler und Bildhauer Oskar Schlemmer. Er sollte ursprünglich nur die bildkünstlerische Gestaltung übernehmen, doch über die Jahre wuchs sein Eigenanteil an dem Projekt und so wurde er selbst unter dem Pseudonym *Walter Schoppe* zum dritten Tänzer der Gruppe.[27] Vier Jahre später kam es in Stuttgart zu einer ersten Teilaufführung und erst 1922 konnte das *Triadische Ballett* ebenfalls in Stuttgart seine Uraufführung feiern.

Obgleich sein Ballett also von echten Menschen getanzt werden sollte, entwarf Schlemmer Kostüme, die sich nicht den Körpern der Tänzer:innen anschmiegten, sondern andersherum: die sich darin befindenden Menschen müssen sich an die vorgegebenen Formen und Bewegungen anpassen. So hat jedes Kostüm nur die Bewegungen zugelassen, für die es entworfen worden war: zackige, kurze eigenartige Bewegungen. Etwas Menschliches ist in diesen Bewegungsabläufen kaum noch vorhanden. Menschen, die sich wie Puppen bewegen, könnte man meinen. Hat Oskar Schlemmer somit vielleicht den Gedanken der *Über-Marionette* neu rezipiert und weiterentwickelt? Diese Frage kann nicht mit Sicherheit bejaht werden, aber die Ähnlichkeit ist nicht von der Hand zu weisen: Auch bei Schlemmer handelt es sich um Menschen, die aufgrund von Kostümen, Ganzkörpermasken oder Puppen zum

---

[26] Als sogenannte *Ohnhänder* werden Menschen bezeichnet, denen beide Hände amputiert wurden.
[27] (Peter, 1988)

18

Hineinschlüpfen ihre anthropomorphen Formen und Bewegungsqualitäten für die Dauer des Bühnenaktes hinter sich lassen können.

Von 1987 bis 1990 machten sich die beiden Puppenspieler:innen Kurt und Marianne Erbe an die Aufgabe, die 18 Figurinen des *Triadischen Balletts* als spielbare Marionetten nachzubauen. Dabei sollten sie gar nicht auf der Bühne stehen, denn die Arbeit gipfelte am Ende „nur" in einem Video, das heute im Internet zu finden ist.[28]

Heute befinden sich die handwerklich gut gearbeiteten Puppen im Besitz des Puppenspielers Christian Fuchs, der derzeit an einer ersten Bühnenaufführung mit den Figurinen arbeitet. Zwischenzeitlich konnte er sie bereits einzeln in Weimar vor Mitgliedern des Vereins *Bauhaus.Weimar.Moderne* präsentieren. Bemerkenswerterweise wurden diese Puppen in Zusammenarbeit mit einem sogenannten *KUKA Roboterarm* vorgeführt. Die Firma *KUKA* ist für ihre Herstellung von Industrierobotern bekannt. Auf Videos[29] ist zu sehen, wie anmutig es dem Roboterarm tatsächlich gelingt, die Marionette tanzen zu lassen. Auch hier lässt sich an Kleist, Maeterlinck und Craig anknüpfen. Cristian Fuchs gelingt es, mit diesem Roboterarm das zu realisieren, was die drei in ihren verschiedenen Schriften beschreiben:

Fuchs hat das Menschliche von der Bühne verbannt und hat den Menschen auf der Bühne durch etwas Unmenschliches, nämlich die Marionette ersetzt. Während die Marionette aber ihre Eleganz und Grazie auch dadurch wieder verlieren kann, dass sie von Menschenhand geführt wird, hat Fuchs auch an dieser Stelle den Menschen ersetzt. Der hier beschriebene Roboterarm kann durchaus als modernes Äquivalent zu Kleists Gliedergott betrachtet werden.

---

[28] Das Video ist unter folgendem Link abrufbar: https://vimeo.com/307229466 letzter Zugriff: 03.08.2020 19:23 Uhr

[29] Im ersten Link ist ein Tanzausschnitt zu sehen, wie die Marionette tanzt; was dabei nicht zu sehen ist, ist der Roboterarm, der sie tatsächlich führt und ihre Bewegungen auslöst: https://vimeo.com/364645778, während im zweiten Link ein Blick in den Maschinenraum gewährt wird, wo gezeigt wird, wie der Roboter die Fäden manipuliert: https://vimeo.com/364646596, letzter Aufruf jeweils 24.08.2020 um 13:00 Uhr.

V.   Ein Manifest für Cyborgs

V.I.   Textanalyse

Im letzten Kapitel dieser Arbeit möchte ich mich einem wichtigen Bereich widmen, den man nicht auslassen darf, wenn man sich mit Cyborgs beschäftigt. Nämlich der Philosophie. Dafür kehren wir noch einmal an den Ausgangspunkt zurück: Cyborgs. Was können wir aus humanistischer Sicht von ihnen lernen?

Wir wissen jetzt, dass die Begründer des Cyborg-Begriffs sich mit der Frage beschäftigten, wie der Mensch als Astronaut durch die Verbindung mit Technik im Weltraum existieren könnte. Sie stellten also die Frage nach dem Verhältnis von Mensch und Technik. Kann man Menschen und Technik überhaupt voneinander trennen, kann man sie gegenübersetzen oder muss man nicht viel eher davon ausgehen, dass Mensch und Technik miteinander verbunden sind und sich beides nicht mehr ohne das andere denken lässt?

Diesen antidualistischen Impuls nimmt Haraway in ihrem Manifest für Cyborgs affirmativ auf und wendet ihn in ganz unterschiedliche Richtungen, während sie nach dem Verhältnis von Mensch und Technik, Mensch und Tier, Mann und Frau, also nach kulturbestimmenden Dualismen fragt und versucht, sie aufzubrechen.

Donna Haraways Text ist ein Manifest, also eine Textgattung, die versucht, in einem pamphletartigen Stil eine politische Forderung zu stellen.

Ein Manifest hilft dabei, einen Mythos aufzubauen, in diesem Fall also einen Cyborg-Mythos. Haraway selbst nennt es eine Fabulation, es ist also eine Art Fabel, die etwas über das Verhältnis von Mensch und Technik deutlich machen will und unter dieser Perspektive sollte dieser Text gelesen werden.

Mit Hilfe der Figur des Cyborgs[30] wendet sich Haraway teilweise gegen die westliche Wissenschaft, gegen den patriarchalen und rassistischen Kapitalismus, gegen die Aneignung der Natur, gegen die Traditionen der Reproduktion des Selbst durch die Reflektion im Anderen. Haraway steht für eine Welt ein, in der Gender-Differenzen überwunden sind, eine Welt mit Menschen, die sich als Nicht-Tier, Nicht-Frau oder Nicht-Barbar identifizieren.

Die Grundlage dafür ist für Haraway der Zusammenbruch dreier Dualismen/Binarismen, also solcher exklusiven Gegenüberstellungen von Tier und Mensch, Organismus und Maschine,

---

[30] In der von Fred Wolf 1995 getätigten deutschen Übersetzung des *Manifest für Cyborgs* ist das Genus der Cyborgs durchgängig weiblich, weswegen ich, wenn ich von Haraways Cyborgs spreche, ebenfalls das weibliche Genus verwende.

von Physikalischem und Nicht-Physikalischem oder von Körper und Seele. Für Haraway sind das die Grundlagen, auf denen ein anderes Nachdenken über Gender möglich wird, also eine uneindeutige Zuschreibung, die sich nicht mehr in einem Binarismus auflösen lässt.

Haraway zeigt, dass die Cyborg-Technologie auf Wissen und Macht basiert und bis in die Basis der Gender-Fragen wirkt, wo sie die biologische Fundierung der Geschlechterordnung in Frage stellt. Diese Hybridisierung von Maschine und Organismus, also das, was Haraway die Ontologie der Cyborg nennt, führt zu einer Aufhebung der naturalistischen Geschlechterdifferenz aber eben auch zur Unterscheidung des Menschen von Tier und Maschine.

Aus diesem Gedanken heraus entwickelt das *Manifest für Cyborgs* ein politisches Programm, das Technologie nicht, wie bis dahin im Feminismus üblich, ablehnt, sondern zur Grundlage einer Neuaushandlung kultureller Grundlagen und zu einer Überwindung dieser Dualismen macht.

Dieser utopische und monströse Mythos der Cyborgs entwirft also eine Welt, in der das binäre Geschlechtsverständnis und die Gegenübersetzung von Mensch und Technik aufgehoben ist. Dabei geht es hier jedoch nicht darum, einen Idealzustand zu erreichen, in dem binäre Kategorien grundsätzlich aufgehoben und Menschen frei von solchen Zuschreibungen leben können. Vielmehr geht es um eine genaue wissenschafts- und technikhistorisch informierte Analyse der Technologien der Cyborgs und der durch sie in die Welt gebrachten Informatik der Herrschaft.

Haraway interessiert sich also genau dafür, wie in konkreten Situationen das Verhältnis von Mensch und Technik gestaltet wird. Die damit verbundenen Machtformen müssten, so Haraway, verstanden werden, um auf neue Weise mit Dualismen umgehen zu können.

Damit liefert dieser Text eine Verbindung von Gegenwartsanalyse und einer visionären Utopie durch die Figur des Cyborgs.

Was macht dualistisches Denken aus? Dualistisches Denken kann, so lässt sich allgemein festhalten, durch drei Merkmale gekennzeichnet werden:

1. Ausschließende Unterscheidung zwischen den opponierenden Kategorien (Mann/Frau, Mensch/Technik, Mensch/Tier…): Durch eine radikale Unterscheidung dieser Kategorien, werden die beiden Seiten so separiert, dass sie sich als Gegensätze oder Antinomien gegenüberstehen, damit sie sich gegenseitig ausschließen.

2. Homogenisierung/Vereinheitlichung der Elemente beider Kategorien: Wenn man Mann und Frau als dualistische Figuren denkt, stehen alle Männer/Menschen/Menschen auf der einen Seite und alle Frauen/Tiere/Technik auf der anderen Seite.

3. Hierarchisierung der Seiten, Aufwertung der einen Seite durch Abwertung der anderen Seite: Durch die Hierarchisierung der beiden Pole wird die jeweils unterlegene Seite ihrer Eigenständigkeit beraubt, indem Erklärungen für oder Eingriffe in die eine Seite von der anderen Seite aus gesucht werden. Alles, was nicht zu der einen Seite gehört, wird der anderen zugeordnet. Das heißt, dass eine Hierarchie zwischen den beiden Polen eingeführt wird: der Mann wird als das hohe Lebewesen dargestellt, die Frau als das ihm untergeordnete, von dem Mann abgeleitete Wesen. Genau wie bei Mensch und Technik: der Mensch wird als das Eigentliche, als die Essenz gesehen und die Technik als etwas vom Menschen Abgeleitetes, etwa ein Instrument des Menschen, etwas vom Menschen Hergestelltes, das ihm aber unterworfen ist. So auch beim Tier: ein sekundäres Lebewesen, das nie Mensch sein kann, das immer dem Menschen untergeordnet sein wird und dadurch definiert wird, dass es ein Nicht-Mensch ist. Die andere Seite wird also immer dadurch definiert, dass sie nicht die hervorgehobene Seite ist, während das für diese nicht gilt. In diesem Dualismus wird der Mann eben nicht dadurch definiert, dass er Nicht-Frau ist, sondern die Frau wird dadurch definiert, dass sie Nicht-Mann ist. Dadurch wird diese Hierarchie etabliert.

Die Aufhebung von Dualismen ist der Versuch, zu zeigen, dass das, was im Hintergrund auf der untergeordneten Seite steht, konstitutiv für die andere Seite ist. Im Dualismus darf es kein unentscheidbares Drittes geben – Haraway sucht nach solchen Figuren, um den Dualismus aufzuheben.

Durch diese Abwertung der einen und die Aufwertung der anderen Seite wird sichergestellt, dass es nichts Drittes gibt, das keiner der beiden Seiten angehört und die Aufteilung in Unordnung brächte. Und genau da kommen die Cyborgs ins Spiel. Die Figur des Cyborgs lässt sich nicht auf einer der beiden Seiten einordnen. Cyborgs sind weder Menschen noch Technik, sondern etwas dazwischen, etwas Drittes, das genau in dieser dualistischen Operation des gegenseitigen Ausschlusses nicht aufgeht und nicht hineinpasst.

Versucht man solche Dualismen aufzuheben, steht man vor einer höchst schwierigen Aufgabe, weil diese über die Jahrtausende gewachsen sind und kulturell stark verankert sind. Diese Aufführung von Dualismen ist von dem Versuch gekennzeichnet, das, was im Hintergrund, also auf der untergeordneten Seite stand, als konstitutiv für die erste Seite zu verstehen. So zeigt Haraway, dass man den Menschen nicht denken kann ohne Technik zu denken, dass man Männlichkeit nicht denken kann ohne Weiblichkeit zu denken (und in späteren Werken auch, dass man Mensch-Sein nicht denken kann, ohne darüber nachzudenken, was Tier-Sein heißt). Haraway führt aus, dass es keinen Sinn ergibt, diese Unterscheidung auf diese Weise als Gegenüberstellung zu verstehen, sondern vielmehr deren Verschränkung und deren Austauschverhältnis in ihrer Komplexität zu erfassen.

Zu diesem Zweck ist es notwendig, die Kontinuität beider Seiten zu erkennen, gegebenenfalls zu affirmieren und die Bedeutung der minorisierten Seite hervortreten zu lassen, ihr damit eine Stimme zu geben. Ein strategischer Schritt von Haraways Unterfangen ist es, diese Trennung anzuerkennen, zu bejahen, um sie aufheben zu können.

Unabhängig davon, ob Dualismen grundsätzlich abgelehnt werden oder als Kontingente, als historisch gewachsene Kategorien markiert werden, ist dieses Vorgehen der erste Schritt, Dualismen zu identifizieren. Entsprechend können im darauffolgenden Schritt, wie Haraway es vormacht, die spezifischen Ziele und Werte der minorisierten, unterdrückten Seite als unabhängig von denen der majorisierten Seite anerkannt und letztlich die Homogenisierung zugunsten der Differenz zwischen den Bestandteilen der nun angeglichenen Seiten umgekehrt werden.

V.II. Informatik der Herrschaft

Wie im vorangehenden Kapitel herausgearbeitet, geht es nicht darum, die Differenzen zwischen den verschiedenen Seiten gänzlich aufzuheben, sondern sie auf eine ganz andere Weise zu denken. Die verschiedenen Positionen sollen sich nicht gegenseitig ausschließen, sondern sich gegenseitig bedingen.

In ihrem Manifest legt Haraway unter dem Punkt *Informatik der Herrschaft* eine Tabelle an, die „...die materiellen wie ideologischen Dichotomien im Übergang von den bequemen, alten, hierarchischen Formen der Unterdrückung zu den unheimlichen, neuen Netzwerken [verdeutlicht], die ich als Informatik der Herrschaft bezeichnet habe"[31] und wie folgt aussieht:

---

[31] (Haraway, 1985)

Repräsentation	Simulation
Bürgerlicher Roman, Realismus	Science Fiction, Postmoderne
Organismus	Biotische Komponente
Tiefe, Integrität	Oberfläche, Grenze, Wärme, Rauschen
Biologie als klinische Praxis	Biologie als Einschreibung
Physiologie	Kommunikationstechnologie
Kleingruppe	Subsystem
Perfektionierung	Optimierung
Eugenik	Geburtenkontrolle
Dekadenz, *Der Zauberberg*	Obsoleszenz, *Der Zukunftsschock*
Hygiene	Stressmanagement
Mikrobiologie, Tuberkulose	Immunologie, AIDS
Kopf- und Handarbeit	Ergonomie/Kybernetik der Arbeit
Funktionale Spezialisierung	Modulare Konstruktion
Reproduktion	Replikation
Spezialisierung org. Geschlechterrollen	Optimale genetische Strategien
Biologischer Determinismus	Evolutionäre Trägheit/*Constraints*
Ökologie von Lebensgemeinschaften	Ökosystem
Beziehung zwischen den Rassen	Neoimperialismus, UN-Humanismus
Taylorismus im Haushalt, in der Fabrik	Globale Fabrik/elektronisches Dorf
Familie/Markt/Fabrik	Frauen im integrierten Schaltkreis
Familieneinkommen	Gleicher Lohn für gleiche Arbeit
Öffentlich/Privat	Cyborg-Citoyenne bzw. -Citoyen
Natur/Kultur	Differenzfelder
Kooperation	Kommunikationssteigerung
Freud	Lacan
Sexualität/Fortpflanzung	Gentechnologie/Lohnarbeit/Robotik
Geist	Künstliche Intelligenz
Zweiter Weltkrieg	Krieg der Sterne
Weißes kapitalistisches Patriarchat	Informatik der Herrschaft

elle 1: Informatik der Herrschaft
borg Manifest S.17)

24

Haraway arbeitet in ihrem Manifest ganz konkret die ineinander verschränkten (heute als intersektional bezeichneten) sexistischen, rassistischen und schichtbezogenen Diskriminierungen heraus, die in der Hausarbeitsökonomie durch die ökonomischen und technologischen Umformungen der Informatik der Herrschaft spätestens seit den 1980er-Jahren möglich und manifest wurden.

VI. Fazit

Anhand der in dieser Diplomarbeit herausgearbeiteten Ergebnisse, lässt sich folgende These aufstellen: Die Herangehensweise zur technologisierten Entgrenzung des menschlichen Körpers von Kline und Clynes und die Herangehensweise von Donna Haraway unterscheiden sich in ihrer politischen Ausrichtung: Die Cyborgs, die von Kline und Clynes konzipiert wurden, sind auf Arbeitsoptimierung und -maximierung ausgelegt, um vor allem den wirtschaftlichen Sektor zu stärken. Die Cyborgs, die Haraway als Metapher benutzt, um Ungleichheiten aufzuzeigen, sollen stattdessen Chancengleichheit herstellen. Haraway legt ihren Schwerpunkt nicht auf technische Details, wie es bei Kline und Clynes auf der Abbildung 2 (S.6) zu sehen ist. Stattdessen geht es Haraway in ihrer Auseinandersetzung mit Posthumanismus vielmehr darum, wie wir Menschen uns in unserem Umgang miteinander verbessern können, um für alle Lebewesen eine gleichwertige Lebensgrundlage schaffen zu können. Im Zuge dessen, ist zu erwähnen, dass die Quellenlage dieser Diplomarbeit unter dem Gesichtspunkt von *Diversity* problematisch war: Bis auf zwei Quellen, werden in dieser Arbeit nur Positionen von *weißen Männern* zitiert.

Am Anfang dieser Diplomarbeit stand die Begriffsklärung, die zu Manfred Clynes und Nathan Kline führte. Obwohl die beiden Forscher ihre Erfindung im Weltraum und nicht auf der Erde sahen, fanden Teile ihrer Technologien vor allem in der Medizin Anwendung. Das Feld der Medizin beinhaltet die Thematik der Prothetik. Auch in diesem Bereich lässt sich festhalten, dass alle führenden Unternehmen ausschließlich von Männern geleitet werden. Bei der Durchsicht unzähliger Werbevideos, in denen Unternehmen ihre Prothesen und deren Fortschritt vorstellen, waren nur zwei Videos dabei, in denen Frauen Prothesen getestet haben. Wie dieser Umstand zu erklären ist, kann an dieser Stelle nicht beantwortet werden. Dennoch lässt diese Beobachtung die Vermutung zu, dass *männliches Denken* eher mit Rationalität, also mit Technik assoziiert wird. Fühlen sich Käufer:innen vielleicht besser beraten, wenn ihre technologisierten Prothesen von Männern präsentiert werden?

Die in dem dritten Kapitel behandelten Exoskelette und damit der Beginn von posthumanen Wesen, stellen eine Chance für die Postdramatik dar. Die Idee, das Menschliche auf der Bühne, zu überwinden, existiert nicht erst seit dem 21. Jahrhundert. Das zeigt die Auseinandersetzung mit Heinrich von Kleists Erzählung *Über das* Marionettentheater. In Verbindung der Analyse der älteren und neueren Schriften wurde deutlich, dass die Erweiterung des Menschen, sei es durch transplantierte Organe, implantierte Chips oder von außen aufgesetzte und wieder abnehmbahre Objekte ein Phänomen ist, das viel weiter zurückgeht, als der Begriff Cyborg existiert. Weder Kleist, noch Maeterlinck, noch Craig oder Schlemmer dachten an Cyborgs, als sie nach Wesen suchten, die für die Bühne geeigneter seien als Menschen. Trotzdem münden die Konzepte dieser Denker verschiedener Disziplinen in einer Theaterform, die heute bereits in Teilen im Theater der Dinge anzutreffen ist: Das Zeitalter des Cyborg-Theaters. Die Technik ist mittlerweile auf einem Niveau, dass alte Konzepte heute teilweise realisierbar sind. Doch wie sieht es unter der Oberfläche aus?

Der technische Fortschritt bringt außerdem auch lebensverlängernden Maßnahmen mit sich – doch welches Leben wollen wir verlängern? Klar ist, dass nur ein Leben mit hoher Lebensqualität einer Verlängerung überhaupt würdig ist. Wer trifft die Entscheidung darüber was als hohe Lebensqualität gilt?

Auf das Theater übertragen gilt, dass jeder technische Fortschritt nichts bringt, solange ein Klima der Ungerechtigkeit herrscht. Donna Haraway hat aufgezeigt, dass es nicht darum geht, Gleichheit unter allen Arten und Geschlechtern herzustellen, denn das wäre ein unmögliches Unterfangen – wir sind nun einmal nicht alle gleich. Aber wir sind gleichwertig und auch die Theaterwelt sollte zu einem Ort werden, an dem Diversität kein herausstechendes Merkmal ist, dass als *das Andere* auffällt. Es ist unsere Aufgabe, dafür zu sorgen, dass Diversität und Inklusion zu einer Selbstverständlichkeit werden. Die feministische Utopie, die Haraway im *Cyborg Manifesto* für die Welt entwirft, ist auch 35 Jahre nach ihrer Veröffentlichung genau das – eine Utopie.

Cyborgs können so viel mehr sein als technisch erweiterte Menschen. Cyborgs können uns dabei helfen, Geschlecht, soziale Herkunft und Rassifizierungen zu überwinden. Nicht zuletzt deswegen steht fest: Das 21. Jahrhundert ist das Zeitalter des Cyborg-Theaters, auf allen Ebenen.

Literaturverzeichnis

Augustin, A. J. (2007). *Augenheilkunde*. Berlin: Springer Verlag.

Endlein, T. (2007). *Haftung und Fortbewegung: Kontrollmechanismem von Adhäsionskräften bei Ameisen*. Würzburg: Rothenburg ob der Tauber.

Freeman, F. (1960). MAN REMADE TO LIVE IN SPACE. *Times Magazine*, S.23.

Haraway, D. (1985). *Ein Manifest für Cyborgs*. New York: Socialist Review.

Larousse. (1975). Grand Larousse de la langue francaise en sept volumes. In Larousse, *Grand Larousse de la langue francaise en sept volumes* (S. 3242). Paris: Larousse.

Magazine, A. D. (1963). Osmotische Pumpe. *Ames Daily Tribune Magazine*, S.25.

Magazine, T. (1960). MAN REMADE TO LIVE IN SPACE. *Time Magazine*, S.23.

Marionette. (1975). In *Encyclopedia universalis* (S. 573-574). Paris.

Mutschler, H.-D. (2002). *Naturphilosophie*. Stuttgart: Kohlhammer.

Paul Merker, W. S. (1977). Pupentheater. In W. S. Paul Merker, *Reallexikon der deutschen Literaturgeschichte, 2. Auflage* (S. 290-202). Berlin: Werner Kohlschmidt und Wolfgang Mohr.

Peter, F.-M. (1988). Raum - Form - Farbe. Albert Burger und das Triadische Ballett. *Tanzdrama* (S. 9). Stuttgart: Staatsgalerie Stuttgart.

Voigt, C. (2001). *Ich möchte ein Cyborg sein*. Stuttgart: grin-Verlag.

90 Jahre Otto Bock: Otto Bock Zeitreise. (2009). ottobock.de. https://web.archive.org/web/20090124120744/http://90jahre.ottobock.de/

Exoskelett entlastet Puppenspieler. (2019). ottobock.de. https://www.ottobock.com/de/newsroom/news/exoskelett-entlastet-puppenspieler.html

Exoskelett für den Puppenspieler. (2020, Januar 14). medizin&technik - Ingenieurwissen für die Medizintechnik. https://medizin-und-technik.industrie.de/exoskelette/puppenspieler-mit-exoskelett-hinter-den-kulissen/

File:Bauhaus Marionette Nachbau Der-Bucklige-Seite.jpg - Wikimedia Commons. (2015, April 29). commons.wikimedia.org. https://commons.wikimedia.org/w/index.php?curid=84790480

Freeman, F. (2012, Juni 28). *1960 - Cyborg - Kline and Clynes (American and Austrian)*. cyberneticzoo.com. http://cyberneticzoo.com/bionics/1960-cyborg-kline-and-clynes-american/

Fuchs, C. (2020a). Triadischer Taucher und Triadischer Abstrakter. triadischesballett.wordpress.com. https://triadischesballett.wordpress.com/

Fuchs, C. (2020a, Juli 8). *Währenddessen über der Marionette....* Vimeo.com. https://vimeo.com/364646596

Fuchs, C. (2020b, Juli 23). *Marionette 4.0 tanzt „Largo" von Galuppi.* Vimeo.com.
https://vimeo.com/364645778

Fuchs, C. (2020c, Juli 28). *Triadisches Ballett (Erbe).* Vimeo.com. https://vimeo.com/307229466
Gott oder Gliedermann? Ein Marionetten-Roboter für Oskar Schlemmers „Triadisches Ballett".
(2014). link-niedersachsen.de. https://www.link-
niedersachsen.de/blog/blog_kultur/marionetten_roboter

Neuroprothetik. (2020). imtek.de. https://www.imtek.de/professuren/bmt/forschung/neuroprothetik

P. (2016, April 25). *Craig et la marionnette comme modèle scènique.* alicerabourdinwordpress.com.
https://alicerabourdin.wordpress.com/2016/04/24/craig-et-la-marionnette-comme-modele-scenique/

PBS Idea Channel. (2016, Juli 27). *Are We All Cyborgs?* YouTube.
https://www.youtube.com/watch?v=Xs4d6AilVPQ

Produktion der Zukunft: Exoskelette unterstützen Mitarbeiter am Standort Bratislava. (2019).
Volkswagen Newsroom. https://www.volkswagen-newsroom.com/de/pressemitteilungen/produktion-
der-zukunft-exoskelette-unterstuetzen-mitarbeiter-am-standort-bratislava-3836

Taylorismus. (2018, Februar 14). Gabler Wirtschaftslexikon.
https://wirtschaftslexikon.gabler.de/definition/taylorismus-48480

von Kleist, H. (1810). *Über das Marionettentheater.* kleist.org.
http://kleist.org/phocadownload/ueber_das_marionettentheater.pdf

Was ist ein Cochlea-Implantat? | Oticon Medical. (2020). oticonmedical.com.
https://www.oticonmedical.com/de/cochlear-implants/new-to-cochlear-implants/what-is-a-cochlear-
implant

CPSIA information can be obtained
at www.ICGtesting.com
Printed in the USA
LVHW021104060721
691954LV00003B/500

9 783346 342478